NHK × 요시타케 신스케

과학의 관점

편집 NHK「과학의 관점」제작진
그림 요시타케 신스케

2 예상 하기

나만의 '의문'을 찾아내자!

YUNA

차례

이 책을 보는 방법……4

관점 1 만들어보기……6

예상 1 찰흙과 철사로 개미를 만들어보아요

예상 2 개미는 어떻게 걸을까요?

관점 2 흉내 내보기……12

예상 1 펭귄의 걸음걸이를 흉내 내보아요

예상 2 펭귄은 왜 아장아장 걸을까요?

관점 3 그려보기……18

예상 1 얼룩말의 줄무늬를 그려보아요

예상 2 줄무늬 방향은 왜 제각각일까요?

 에 대해 더 알아보아요……24

 ### 관점 4 시간 되돌려보기……26

예상 1 바나나의 시간을 수확하기 전으로 되돌려보아요
예상 2 바나나 열매는 왜 위를 향해서 자랄까요?

 ### 관점 5 과정 생각해보기……32

예상 1 멜론이 익을 때까지의 과정을 생각해보아요
예상 2 멜론 무늬는 갈라진 곳에 생길까요?

 ### 관점 6 들어보기……38

예상 1 2단 상자가 가볍게 느껴지는 이유를 생각해보아요
예상 2 빈 상자를 여러 개 겹쳐도 가볍게 느껴질까요?

  에 대해 더 알아보아요……44

이 책을 보는 방법

이 책은 '과학의 관점'으로 찾아낸 여러 가지 '의문'을 예상하며 알아가는 방법을 소개합니다.
요시타케 신스케가 그린 귀여운 친구들과 함께 나만의 '의문'을 찾아보세요.

스텝 1

'과학의 관점'을 확인해요!

주변에 있는 물건을 '과학의 관점'으로 살피면 어떤 '의문'을 찾을 수 있는지 보여줍니다.
'의문'을 발견하는 방법을 알아보세요.

스텝 2

예상과 실제 모습을 비교하여 '의문'을 발견해요!

찾아낸 '의문'을 더욱더 자세히 알아가는 방법을 소개합니다.
또 어떤 '의문'이 생길까요?

※ '관찰'은 사물이나 현상을 자세히 살펴보는 일이에요.
※ '의문'은 여러분의 마음에 이상하게 느껴지고 알고 싶은 것이에요. 이 의문이 바로 과학 탐구의 시작이랍니다.

스텝 3

'의문'에 대해 더 많이 알아보아요!

앞에서 찾은 '의문'을 더욱 자세히 알아보아요.

아직 더 많은 '의문'을 찾아낼 수 있습니다!
더 알아보고 싶은 '의문'이 있으면 자세히 관찰하거나 책에서 조사해보세요.

스텝 4

더 많은 '의문'을 찾아보세요!

이 책에서 알아본 '과학의 관점'을 이용하면 더 흥미로울 것의 예시를 들고 있습니다. 어떤 '의문'을 발견할지는 이 책을 읽고 있는 여러분에게 달려있습니다. 우리 함께 도전해볼까요?

'의문'을 찾으러 떠나요! 관점  로 우리 함께 출발!

관점 1 만들어보기

공을 던지는 사람의 모습을 찰흙으로 만들어볼까요?

몸을 어떻게 움직였더라?

만든 모양을 실제 모습과 비교해보아요.

의문!
공을 던지지 않는 쪽 어깨는 어떻게 움직일까요?

의문!
어느 쪽 발을 앞으로 디딜까요? 왜 그 발이 앞으로 나올까요?

의문!
공을 던지는 방식은 언제나 같을까요? 같지 않다면 왜일까요?

다른 것도 만들어보면 뭔가 '의문'을 찾을 수 있을까요?

예상 1 찰흙과 철사로 개미를 만들어보아요

찰흙과 철사를 사용해 우리 주변에서 흔히 볼 수 있는 것을 만들어볼까요?
꼬물꼬물 개미! 개미는 어떤 모양일까요? 여러분이 기억하는 개미를 만들어보아요.

머리에는 더듬이가 2개 있고, 눈과 입이 있어!

머리와 가슴, 2개로 나뉘고 다리가 옆에 있었던 것 같아.

몸이 전부 이어져 있고 다리는 8개 정도였나?

머리, 가슴, 배 3부분으로 나누어져 있는 것 같아.

개미를 만드는 데 사용한 재료

찰흙   철사   니퍼

예상하여 만들어보아요.

실제 개미는 어떻게 생겼을까요?

개미를 커다랗게 확대한 사진입니다.
직접 만든 개미와 비교해보세요. 어떤 의문을 찾을 수 있을까요?

의문 1 다리는 왜 여섯 개일까?

작은 몸에 6개의 긴 다리가 있어요. 4개도 아니고 8개도 아닌 6개입니다. 왜 6개일까요? 개미는 6개의 다리를 어떤 식으로 사용하여 걸을까요?

의문 2 몸은 크게 세 부분으로 나뉘어 있네?

개미 몸은 머리, 가슴, 배의 3부분으로 나뉘어 있습니다. 세 부분으로 나누어지는 곳은 가늘어요. 그런데 자세히 보니 가슴과 배 사이에도 무엇인가 하나 더 있는 것 같네요? 이것은 무엇일까요?

개미야! 넌 얼굴이 어떻게 생겼니?

의문 3 다리는 가슴에 붙어있네?

옆에서 보면 긴 다리가 몸통을 잘 지지하고 있습니다. 자세히 살펴보면 6개의 다리가 전부 가슴에 붙어 있어요. 왜 그럴까요? 뭔가 이유가 있을까요?

의문 4 머리에 붙어 있는 더듬이는 뭘 하는 걸까?

눈과 눈 사이에 2개의 긴 더듬이가 있습니다. 더듬이는 왜 머리에 붙어 있을까요? 무엇을 하기 위한 것일까요?

의문 5 입은 톱니 같은 모양이네?

얼굴을 자세히 보세요. 개미 입은 매우 크고 톱니 같은 이빨이 있어요. 마치 코끼리의 상아 같아 보이기도 합니다. 다른 곤충의 입도 이렇게 생겼을까요? 왜 이런 모양을 하고 있을까요?

의문 6 배에 금색 털이 있네?

개미의 배는 가슴보다 크고 동그랗게 부푼 모양으로 달걀 같이 생겼습니다. 무엇 때문에 이렇게 생겼을까요? 자세히 보면 끝이 약간 뾰족하고 금색 털이 있는 것 같아요. 왜 그럴까요?

 개미는 어떻게 걸을까요?

예상 2 | 개미는 어떻게 걸을까요?

앞 페이지의 의문 ❶을 자세히 알아보아요.
개미는 6개의 다리를 어떻게 움직여서 걸을까요? 예상해보아요.

예상하여 함께 이야기해요

오른쪽 다리 3개, 왼쪽 다리 3개를 교대로 사용하여 걸을 것 같아.

앞 다리 2개는 방향을 바꾸는 역할, 뒷 다리 4개는 앞으로 가는 역할을 하지 않을까?

6개 다리가 전부 따로따로 움직이지 않을까?

  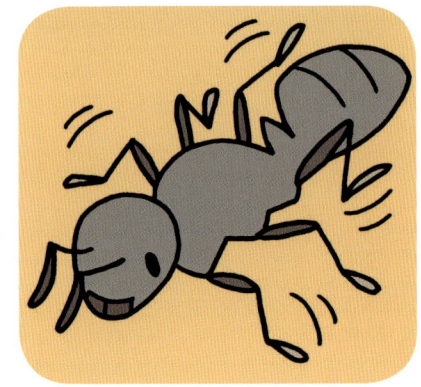

개미가 걷는 방법을 살펴볼까요?

개미 다리가 움직이는 모습을 연속 사진으로 찬찬히 살펴보아요. 어떻게 걸을까요?

알기 쉽게 다리 색을 바꿔볼까요?

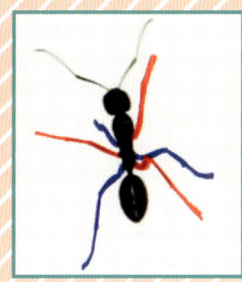 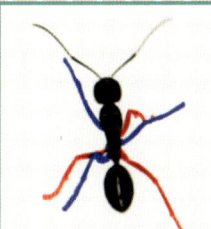 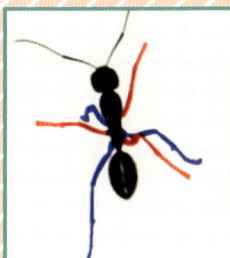 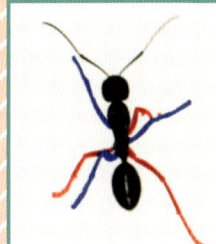 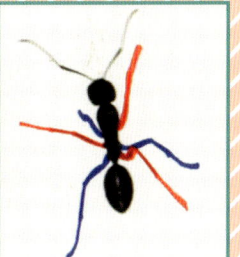

같은 색 다리 3개가 항상 동시에 움직이네!

의문! 왜 3개씩 움직일까요?

다리 두 개와 반대쪽 다리 하나가 한 세트가 되어, 번갈아 앞으로 뻗어서 움직입니다.
개미는 왜 이렇게 걸을까요?

 새로운 의문 & 아직 풀리지 않은 의문

만들어보며 찾아낸 의문을 풀어가다 보면, 또다시 새로운 의문을 발견하게 됩니다.
분명 여러 가지 의문이 있을 거예요. 한 번 찾아볼까요?

- 가슴과 배가 이어지는 부분에 있는 건 무엇일까요?
- 개미 입은 왜 톱니처럼 생겼을까요?
- 다리는 왜 6개일까요?
- 배는 왜 동그랗게 부풀어 있을까요?

다른 다양한 것을 만들어보아요. 24페이지에서 더 알아보세요!

관점 2 흉내 내보기

한 다리로 서 있는 홍학을 흉내 내볼까요?

다른 한쪽 다리는 어떻게 하고 있지?

의문!
한 다리로 서 있기는 정말 힘들어요. 홍학은 어떻게 한 다리로 잘 서 있을까요?

의문!
홍학은 계속 같은 다리로 서 있을까요? 아니면 가끔 다리를 바꿔줄까요?

의문!
홍학 이외에도 한 다리로 서 있는 동물이 있을까요?

다른 것도 흉내 내보면 뭔가 '의문'을 찾을 수 있을까요?

예상 1 : 펭귄의 걸음걸이를 흉내 내보아요

새의 한 종류이지만 물속에서 헤엄을 잘 치는 펭귄.
그런데 펭귄은 어떻게 걸을까요? 기억을 더듬어서 흉내 내보아요.

날개 끝을 옆으로 벌리고 좌우로 흔들면서 걸어 다녀.

목을 앞으로 내밀고, 엉덩이를 뒤로 빼고, 다리를 쭉 펴서 걸을 것 같아.

가슴을 펴고, 양 날개를 교대로 앞뒤로 흔들면서 걷지 않을까?

펭귄은 실제로 어떻게 걸을까요?

동물원에 있는 펭귄을 앞과 옆에서 관찰해보세요.
어떤 의문을 발견할 수 있을까요?

의문 1  몸을 앞으로 기울여서 걷네?

펭귄은 걸음이 그리 빠르지 않은 것 같습니다.
아장아장 걸어요.
잘 보면 몸을 앞으로 기울이고 있습니다.
앞으로 넘어지지 않을까요?

의문 2 짧은 다리를 굽히지 않고 아장아장 걷네?

다리가 짧아서 걷기 힘들어 보입니다.
몸의 균형을 잡기 어려운 느낌이에요.
다리를 굽히지 않고 쭉 뻗어서 번갈아 움직여요.
펭귄은 무릎이 없는 것일까요?

의문 3  아랫배가 움직이네?

잘 보면 걸을 때마다 아랫배 쪽이 움직여요.
몸속에 뭔가 들어 있는 것일까요?

 의문 1 2 궁금해 — 펭귄은 왜 아장아장 걸을까요?

예상 2 펭귄은 왜 아장아장 걸을까요?

펭귄이 아장아장 걷는 이유는 무엇일까요? 왜 다리를 굽히지 않을까요?
몸이 앞으로 기울어져 있는 이유는 뭘까요? 예상해보세요.

예상하여 함께 이야기해요

다리가 짧아서 굽힐 수가 없나?

그렇다면, 왜 다리가 짧은 것일까?
추운 곳에 살고 있어서 다리가 짧아진 걸까?

걷기 힘들어 보여. 별로 걸어 다닐 필요가 없는 것일까?
헤엄칠 때는 어떻게 할까?

몸을 앞으로 기울이면 자연스럽게 다리가 앞으로 나오네. 그래서 몸을 기울이는 것이 아닐까?

펭귄 다리를 자세히 관찰해볼까요?

펭귄 다리의 움직임을 자세히 관찰하면 의문의 해답을 찾을 수 있을지도 몰라요.
이번에는 뼈가 어떻게 되어있는지 특별한 기계를 사용해서 관찰해보아요.

앞에서 보면

밑으로 짧은 다리가 나와 있어요. 다리를 항상 벌리고 서 있는 걸까요?

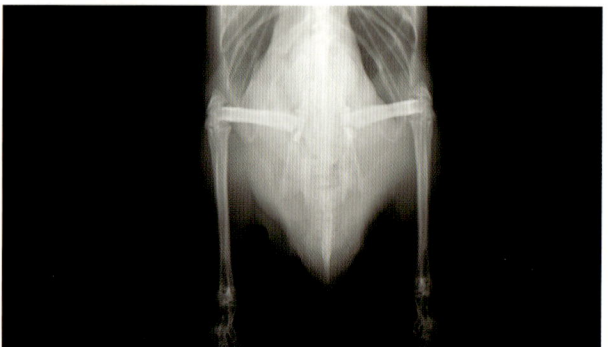

뱃속까지 다리가 연결되어 있어요! 다리가 짧은 게 아니었나 봐요.

의문! 뱃속에 다리가 숨어있어요!

다리뼈는 몸속까지 이어져 있습니다. 사실은 다리가 짧지 않은데 뱃속에 숨겨져 있었던 걸까요?

"펭귄은 다리가 길었구나!"

옆에서 보면

다리는 어디에 숨어있을까요?

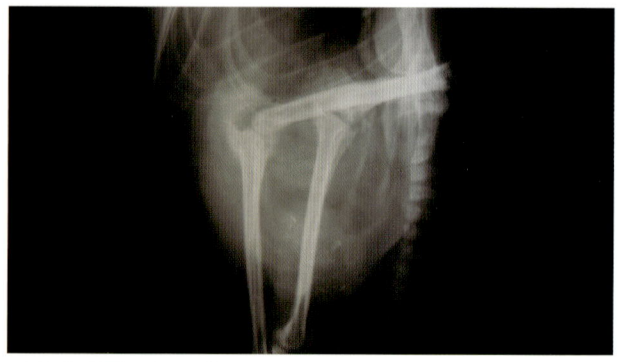

다리뼈는 무릎이 있는 것처럼 굽어 있습니다.

의문! 뱃속에서 다리를 굽히고 있어요!

뱃속에 숨어있는 다리는 무릎을 굽히고 있는 것 같습니다. 펭귄은 다리를 굽힌 채 걷는 걸까요?

"왜 다리를 숨기고 있지?"

다시 펭귄의 걸음걸이를 흉내 내볼까요?

다리를 굽힌 채 걷는 펭귄의 걸음걸이를 다시 흉내 내보아요.
펭귄의 기분을 이해할 수 있을지도 몰라요!

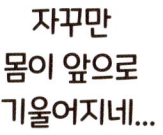
자꾸만 몸이 앞으로 기울어지네...

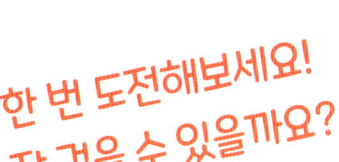
한 번 도전해보세요! 잘 걸을 수 있을까요?

아, 걷기 힘들어...

의문! 몸이 앞으로 기우는 것은 다리를 굽히고 있기 때문!?

무릎을 굽힌 채 걷기는 어렵습니다. 엉덩이가 뒤로 빠져서 넘어질 것 같습니다. 그래서 펭귄은 항상 몸이 앞으로 기울어져 있는 것일까요?

새로운 의문 & 아직 풀리지 않은 의문

흉내 내보며 찾아낸 의문을 풀어가다 보면, 또다시 새로운 의문을 발견하게 됩니다.
분명 여러 가지 의문이 있을 거예요. 한 번 찾아볼까요?

- 왜 다리가 뱃속에 숨겨져 있는 걸까요?
- 펭귄은 달릴 수 있을까요?
- 물고기처럼 지느러미가 있는 것도 아닌데, 펭귄은 어떻게 수영을 잘할까요?

다른 다양한 것을 흉내 내보아요. 25페이지에서 더 알아보세요!

17

관점 3 그려보기

해바라기 꽃을 보지 않고 그려볼까요?

다 그린 후에 실제 해바라기 꽃과 비교해보아요.

의문!
꽃 가운데 부분은 어떻게 되어있을까요?
가운데 부분은 무엇일까요?

의문!
꽃이 피기 시작할 때와 질 때의 모양이 똑같을까요?

의문!
꽃잎의 모양은 어떻게 생겼을까요?
개수가 정해져 있을까요?

다른 것도 그림을 그려보면 뭔가 '의문'을 찾을 수 있을까요?

예상 1 얼룩말의 줄무늬를 그려보아요

관점 3 그려보기

얼룩말의 줄무늬는 어떻게 생겼을까요? 아무것도 보지 않고 자유롭게 그려보세요. 그려보면 어떤 점을 깨닫게 될까요?

예상해서 그려보아요

실제 얼룩말의 무늬는 어떨까요?

실제 얼룩말 무늬는 아래 사진과 같습니다. 직접 그린 그림과 비교해볼까요? 자세히 알아보아요.

앗, 이런! 내가 그린 것과 전혀 다르잖아!

※ 이 책에서 소개한 얼룩말은 산얼룩말의 일종입니다. 얼룩말의 종류에 따라 줄무늬 모양이 다릅니다.

의문 1 줄무늬가 직선이 아니네?

얼룩말의 줄무늬는 굵기도 일정하지 않고 복잡해요. 곡선인 부분도 있고 도중에 두 갈래로 갈라진 곳도 있습니다. 왜 전부 똑바른 직선이 아닐까요?

의문 2 엉덩이 부분의 줄무늬는 굵고 몇 줄 없네?

엉덩이 줄무늬는 굵고 간격도 넓습니다. 엉덩이에는 몸통의 세로줄* 무늬와는 전혀 다르게 가로 줄무늬에요. 다른 얼룩말도 전부 같을까요?

※ 생물학적으로는 위에서 보았을 때 등뼈와 같은 방향이 '세로'이지만, 여기에서는 얼룩말이 서 있는 상태를 옆에서 본 모습을 기준으로 표현하였습니다.

관점 3 그려보기

의문 3 입 주변에는 줄무늬가 없네?

얼굴에도 줄무늬가 있습니다. 눈 주위까지는 몸과 같은 방향의 줄무늬가 이어져 있어요.
눈앞쪽은 약간 방향이 달라지네요.
그런데, 입 주변에는 왜 줄무늬가 없을까요?

의문 4 꼬리에도 줄무늬가 있네?

뒤에서 보면 꼬리에도 가는 줄무늬가 있습니다. 그런데 꼬리에 한 바퀴 감겨있지 않은 것 같아요. 겉에서 보이는 곳에만 있는 것일까요?
꼬리 끝에는 줄무늬가 점점 없어지네요?

의문 5 왜 줄무늬 방향이 제각각일까?

줄무늬 방향은 몸 부위에 따라 제각각이에요. 전부 세로도, 가로도 아닙니다.
왜 부위에 따라 다를까요?
방향에 어떤 의미가 있는 걸까요?

의문 6 등에서 줄무늬가 나눠지네?

위에서 보면 한 줄만 방향이 다른 검은색 선이 있습니다. 이 등에 있는 선을 경계로 몸의 왼쪽과 오른쪽의 줄무늬가 나눠지는 것 같아요.
왜 나눠져 있는 것일까요?

 **의문 5가 궁금해 얼룩말의 줄무늬 방향은 왜 제각각일까요?**

예상 2 줄무늬 방향은 왜 제각각일까요?

앞 페이지의 의문 ❺를 자세히 알아보아요.
왜 줄무늬 방향이 전부 같지 않을까요?

예상하여 함께 이야기해요

줄무늬로 가족 간의 구별을 하는 것이 아닐까? 예를 들면, 우리가 아빠, 엄마와 얼굴이 닮아 있는 것처럼 말이야!

얼룩말이 이런 무늬를 가진 이유는 천적에게서 자신을 지키기 위한 것이라고 생각해. 복잡한 줄무늬는 초원에서 몸을 숨기기 위한 것이 아닐까?

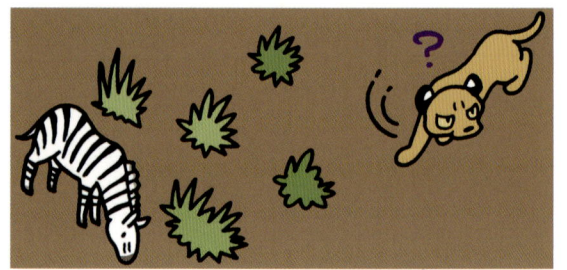

초원에서 도움이 된다기보다, 무리와 함께 있을 때 발견하기 어려운 것이 아닐까? 무리로 있으면 자극이 되서 눈이 아플 것 같지 않아?

얼룩말 수컷은 줄무늬가 잘 들어가 있을수록 암컷에게 인기가 있는 것은 아닐까? 그러니까 그렇게 방향이 제각각이겠지.

관점 3 그려보기

줄무늬가 직선인 얼룩말과 비교하면 어느 쪽이 발견하기 어려울까요?

일반 얼룩말 무리와 줄무늬가 전부 직선인 얼룩말 무리의 그림을 준비했습니다.
몇 마리인지 빨리 셀 수 있는 것은 어느 쪽일까요? 시간을 재면서 비교해보세요.

일반 얼룩말

직선 줄무늬 얼룩말

어느 쪽을 빨리 셀 수 있는지 한 번 도전해 보세요!

테스트 해봤습니다!

결과는? ⬇

세기 어렵다 — 일반 얼룩말
세기 쉽다 — 직선 줄무늬 얼룩말

평균 **23초**   평균 **18초**

※ 실험 결과는 방송에서 조사한 것입니다.

의문! 전부 직선이면 발견하기 쉽다!?

줄무늬가 전부 직선이면 일반 얼룩말과 비교해보았을 때 무리의 수를 세기 쉬웠습니다. 이것은 단순한 무늬는 천적에게 발견되기 쉽다는 뜻일까요?

 **새로운 의문 & 아직 풀리지 않은 의문**

그려보며 찾아낸 의문을 풀어가다 보면, 또다시 새로운 의문을 발견하게 됩니다.
분명 여러 가지 의문이 있을 거예요. 한 번 찾아볼까요?

● 얼룩말 종류에 따라 무늬가 다를까요?

● 얼룩말은 아기일 때부터 줄무늬가 있을까요?   ● 줄무늬는 왜 흰색과 검은색일까요?

다른 다양한 것을 그려보아요. 24페이지에서 더 알아보세요!

23

관점 1 관점 2 관점 3 에 대해 더 알아보아요

앞에서 알아본 세 가지 '과학의 관점'으로 보면 재미있을 것들을 소개합니다.
만들어보고, 흉내 내보고, 그려보면 어떤 '의문'을 발견하게 될까요?

만들어보기
6~11 페이지

✺ 벌레
다리는 몇 개일까요?
몸은 어떻게 구성되어 있을까요?
• 나비 • 장수풍뎅이 • 잠자리 • 공벌레 등

✺ 움직이는 사람의 모습
동작을 떠올리며 만들어보세요.
• 달리는 사람 • 앉아있는 사람
• 춤추는 사람 등

✺ 양복
종이나 천을 사용하여 만들어보세요.
어떻게 나뉘어 있을까요?

✺ 동물
좋아하는 동물을 만들어보세요.
잘 알고 있는 것 같지만, 만들어보면 어떨까요?
• 고양이 • 개 • 토끼 • 잉꼬 등

✺ 주사위
주사위를 만들어보세요.
1~6까지 주사위 눈은
어떻게 되어 있을까요?

> 매일 보는 물건들인데 자세히 떠올리기 어렵네!

그려보기
18~23 페이지

✺ 자
눈금은 어떤 식으로
되어있을까요?

✺ 친구 얼굴
자주 보는 친구의 얼굴을 그려보면?
코는 어떤 모양일까요? 점은 있었나요?

✺ 동물 무늬
기린, 소, 치타 같은 동물들은
어떤 무늬일까요?

✺ 판다
어느 부분이 검은색일까요?

✺ 무지개
비가 그치고 하늘에 뜨는 커다란 무지개.
어떤 색이 어떤 순서로 되어있을까요?

흉내 내보기

12~17 페이지

걸음걸이나 먹는 모습, 울음소리 등을 떠올리며 흉내 내보세요.

✳ 캥거루

✳ 비둘기

✳ 카피바라

✳ 참새

✳ 말

✳ 미어캣

✳ 고릴라

✳ 햄스터

✳ 해달

왜 그렇게 걷니?

관점 4 시간 되돌려보기

자몽의 시간을 되돌려볼까요?

우와! 나무에 이렇게 매달려 있구나!

의문!
포도송이처럼 매달려 있어요! 열매는 왜 이런 모양으로 열릴까요?

의문!
오렌지나 귤도 자몽처럼 포도송이 모양으로 나무에 달려있을까요?

의문!
시간을 더 되돌려보면 어떤 꽃이 피어있을까요? 꽃도 모여서 피어있을까요?

다른 것도 시간을 되돌려보면 뭔가 '의문'을 찾을 수 있을까요?

 시간 되돌려보기

예상 1 · 바나나의 시간을 수확하기 전으로 되돌려보아요

바나나는 어떤 모습으로 열리는지 알고 있나요?
수확하기 전의 바나나는 ㉮와 ㉯, 어느 쪽이 위를 향하고 있을까요?

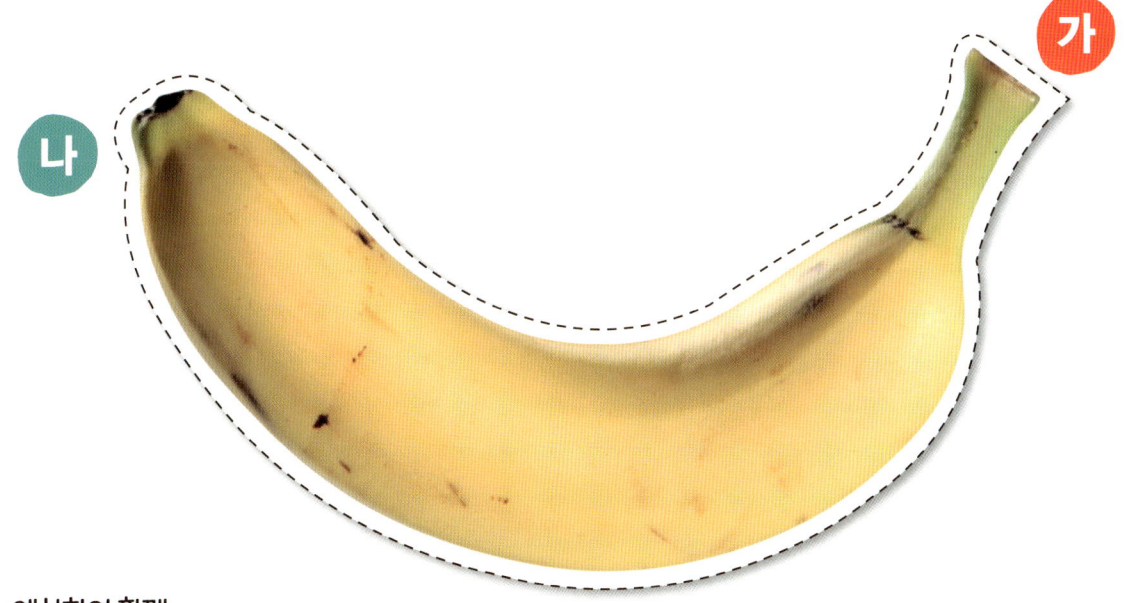

예상하여 함께 이야기해요

㉮가 위를 향해서 한 개씩 줄기에 매달려 있을 것 같아.

나도 ㉮가 위를 향하고 있을 것 같아. 하지만, 나무 위에 여러 개가 다발로 열려있지 않을까?

㉯가 위를 향하고 있을 것 같아. 땅에서 다발로 나오고, 주변은 잎으로 둘러싸여 있지 않을까?

수확 전의 바나나를 살펴볼까요?

수확하기 전의 바나나를 살펴보아요. 어느 쪽이 위를 향하고 있나요?
시간을 더 되돌려보면 어떤 의문을 찾을 수 있을까요?

수확 1일 전

전부 나 쪽이 위를 향해있어.

수확하기 전의 바나나는 초록색이네.

의문 1 바나나의 위는 어디일까?

수확 직전의 바나나를 보면 27페이지의 나 쪽이 전부 위를 향해있습니다. 그리고 끝에 무엇인가가 붙어 있는 것 같아요. 이것은 무엇일까요? 시간을 더 되돌려보면 알 수 있을까요?

관점 **4** 시간 되돌려보기

 **의문 2 빨간 것은 바나나꽃일까?**

수확하기 3개월 전의 바나나를 보면 가지 끝에 빨간 것이 아래를 향해 매달려 있습니다. 이것은 무엇일까요?

수확 3개월 전

← 빨간 것

 **의문 3 빨간 것 위쪽에 작은 바나나가 생겼네?**

왼쪽 사진에서 2주 후, 빨간 것 위에 작은 바나나가 생겼습니다! 하지만 대부분이 아래나 옆을 향해 있어요. 이때는 아직 위를 향해있지 않네요. 나중에 위를 향하게 될까요?

수확 2개월 반 전

바나나

 **의문 4 바나나는 점점 위를 향해 자랄까?**

빨간 것은 계속 아래를 향해 매달려 있지만, 그 위에 붙어 있는 작은 바나나는 자라면서 위를 향합니다. 처음에는 아래나 옆을 향하고 있었는데, 왜일까요?

수확 2~3개월 전~직전

 **의문 5 바나나 끝에 있는 것은 무엇일까?**

바나나가 위를 향해 자랄 때 끝에 노란 것이 붙어 있습니다. 하지만 수확 직전에는 검은색으로 변해 있어요. 이건 무엇일까요?

수확 2~3개월 전

수확 직전

 **바나나 열매는 왜 위를 향해서 자랄까요?**

예상 2 | 바나나 열매는 왜 위를 향해서 자랄까요?

바나나 열매는 왜 위를 향해서 자랄까요?
아래로 자라는 경우는 없을까요?

예상하여 함께 이야기해요

바나나 열매는 왜 위를 향해 자라는 걸까? 보통은 무거워서 아래쪽으로 자랄 것 같은데, 힘이 대단하네!

태양을 향해서 자라는 건가? 그런 꽃이 있다고 들은 적이 있어.

알았다! 어쩌면 빨간 것이 아래쪽으로 매달려 있기 때문에 그것에 방해가 되지 않도록 바나나는 위를 향해서 자라는 것이 아닐까?

그렇다면 빨간 것이 위를 향하면 바나나 열매는 아래로 자랄까? 정말 그럴까?

예상 해보자 — 바나나는 빨간 것과 반대 방향으로 자랄까!?

빨간 것이 아래를 향해 있고, 바나나는 위를 향해 있어요.

빨간 것이 위를 향하게 되면, 바나나는 아래를 향해 자랄까요?

빨간 것이 위를 향하게 고정하면 어떻게 될까?

빨간 것을 위로 향하게 하면, 바나나 열매는 반대로 아래를 향해서 자랄까요? 실험해볼까요?

생기기 시작한 빨간 것을 끈으로 묶어서 위를 향하게 했습니다.

 약 1개월 후...

바나나는 아래쪽을 향하게 될까?

빨간 것

바나나는 전과 같이 위로 자랐습니다.

의문! 바나나 열매와 빨간 것의 방향은 관계가 없다!?

빨간 것을 위로 향하게 고정해도 바나나 열매는 전과 같이 위를 향해 자랐습니다. 바나나 열매가 자라는 방향은 빨간 것의 방향과는 관계가 없을까요?

 새로운 의문 & 아직 풀리지 않은 의문

시간을 되돌려보며 찾아낸 의문을 풀어가다 보면, 또다시 새로운 의문을 발견하게 됩니다.
분명 여러 가지 의문이 있을 거예요. 한 번 찾아볼까요?

● 바나나 끝에 붙어 있는 검은 것은 무엇일까요?

● 바나나 나무 한 그루에는 바나나가 몇 개 열릴까요?   ● 빨간 것은 바나나 꽃일까요?

다른 다양한 것의 시간을 되돌려보아요. 44페이지에서 더 알아보세요!

예상 1 : 멜론이 익을 때까지의 과정을 생각해보아요

열매가 생기기 시작한 멜론에서 그물 무늬가 있는 멜론이 될 때까지 어떤 변화가 있을까요? 과정을 생각해보아요.

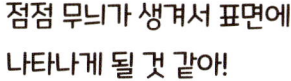

점점 무늬가 생겨서 표면에 나타나게 될 것 같아!

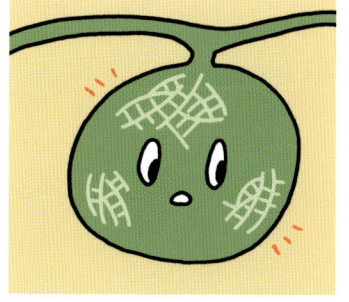

여러 번 껍질이 벗겨지면서 무늬가 생길 것 같아.

무늬는 위쪽부터 조금씩 생기지 않을까?

멜론이 자라는 모습은 어떨까요?

카메라를 설치해서 40일 동안 멜론이 자라는 모습을 기록했습니다.
어떤 의문을 발견할 수 있을까요?

1일째
촬영 시작. 아직 열매가 작고 타원형입니다.
그물 무늬는 보이지 않아요.

4일째
점점 크게 부풀고 있습니다. 색이 약간 옅어졌어요.

10일째
표면에 가는 선이 보이기 시작했습니다. 가까이서 보면 왠지 부풀어 오르면서 금이 간 것 같아요.

가로, 세로, 사선. 다양한 방향입니다.

아기와 어른 사이에 어떤 변화가 있는 것일까?

관점 5 과정 생각해보기

20일째
금 간 곳이 점점 많아지고, 여기저기 작은 점이 생겼어요.

30일째
금이 없어지고 표면에 하얀 게 튀어나왔어요. 점이 줄었어요.

확대했어요! 금 간 곳이 메꿔져서 딱지가 생긴 것 같아요.

40일째
점이 없어졌어요! 튀어나온 흰 선이 더 봉긋하게 올라오고 그물 무늬가 완성되었어요.

의문 1 전체적으로 동시에 무늬가 생기네?

멜론 무늬는 전체적으로 균일하게 퍼지는 느낌이었습니다. 왜 위쪽부터 생기거나, 아래쪽부터 생기지 않았을까요?

의문 2 멜론 무늬는 금 간 곳에 생길까?

성장하는 도중에 생긴 금을 막기 위한 것처럼 하얗게 튀어나온 부분이 생기고, 그것이 그물 무늬가 되는 것 같이 보였습니다. 정말 그런 것일까요?

의문 2가 궁금해 **멜론 무늬는 갈라진 곳에 생길까요?**

예상 2 : 멜론 무늬는 갈라진 곳에 생길까요?

앞 페이지의 의문 ❷를 자세히 알아보아요.
정말로 갈라진 곳이 그물 무늬가 된 걸까요?

 예상해서 함께 이야기해요

 확실히 갈라진 곳이 많긴 했지만, 그곳이 무늬가 된 것은 아닌 것 같아.

멜론 무늬는 갈라진 곳에 생긴 딱지 같은 것이라고 생각해. 우리들도 상처가 난 곳에 딱지가 생기는 것처럼 말이야.

 하지만 사람한테 생기는 딱지는 나중에 떨어지잖아. 그러면 멜론에 생긴 딱지도 나중에 떨어지나?

그러면, 일부러 멜론에 상처를 내서 그 모양 그대로 무늬가 되는지 실험해보자!

예상 해보자 : 멜론에 상처를 내면 그 부분이 무늬가 될까?!

아직 자라고 있는 멜론에 X자로 상처를 내어보아요.

자라면...

생긴 상처의 흔적이 없어질까요? 아니면 상처 모양대로 무늬가 생길까요?

표면에 상처를 내고 어떻게 되는지 관찰해볼까요?

멜론 표면에 상처를 내면 시간이 지나서 없어질까요?
아니면 그곳에 무늬가 생길까요? 실험해보아요.

자라고 있는 멜론 표면에 한자「힘 력(力)」글자를 새겨 봅니다. 상처낸 부분이 녹색이에요.

 약 1개월 후

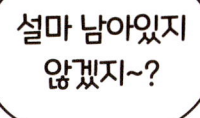

설마 남아있지 않겠지~?

글자를 새긴 부분이 부풀어 올라서 무늬가 생겼어요.

의문! 상처가 난 부분이 무늬가 된다!?

상처를 내서 녹색이었던 부분이 주변의 그물 무늬처럼 튀어 올라서 흰 무늬가 되었습니다. 역시 멜론 무늬는 갈라진 곳에 생기는 딱지 같은 것일까요?

 **새로운 의문** & **아직 풀리지 않은 의문**

과정을 생각해보며 찾아낸 의문을 풀어가다 보면, 또다시 새로운 의문을 발견하게 됩니다.
분명 여러 가지 의문이 있을 거예요. 한 번 찾아볼까요?

● 그물 무늬는 멜론 껍질일까요? 왜 튀어 나올까요?

● 도중에 생긴 표면의 작은 점은 뭘까요?   ● 다른 과일이나 채소에 상처를 내면 어떻게 될까요?

다른 다양한 것의 과정을 생각해보아요. 45페이지에서 더 알아보세요!

관점 6 들어보기

상자 ❶과 ❷를 손으로 들어 무게를 비교해볼까요?

페트병이 들어있는 1단 상자

페트병이 들어있는 상자 밑에 빈 상자를 겹쳐 놓은 2단 상자

▸위
▸아래

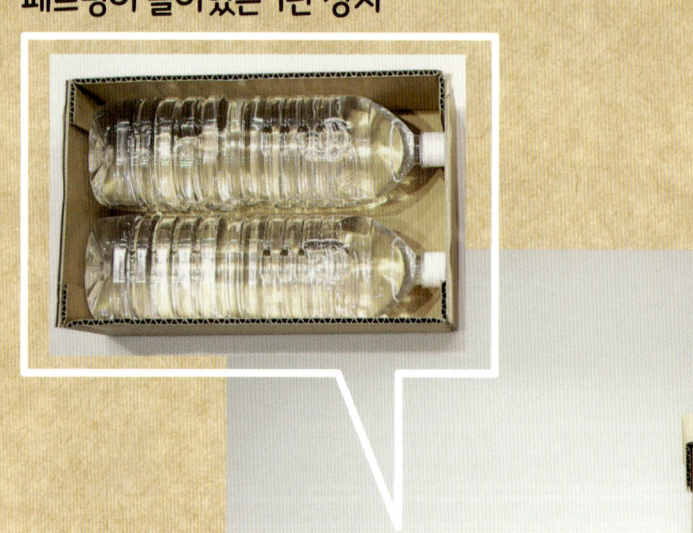
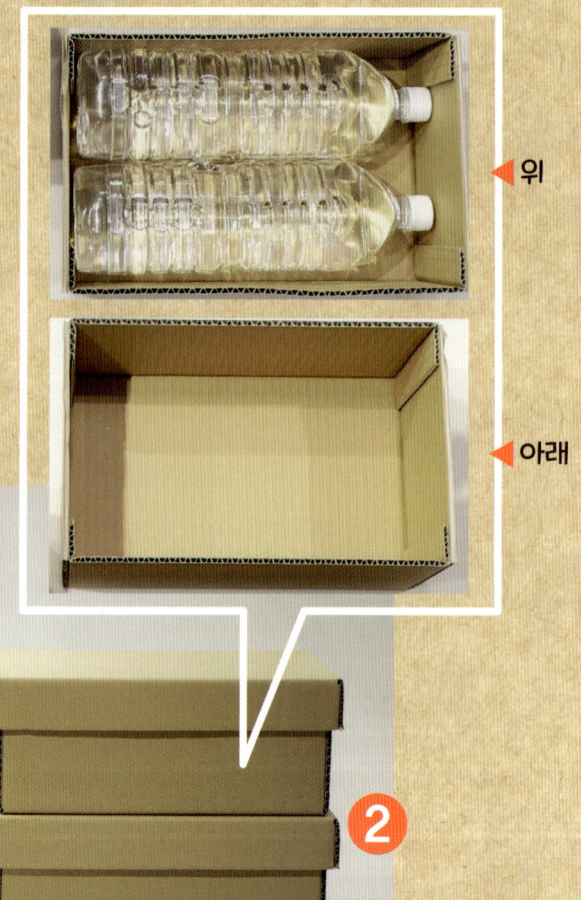

❶ ❷

※ 실험할 때는 물을 넣은 2L짜리 페트병 4개와 종이상자 3개를 준비하세요.

세상에!

❷가 가볍게 느껴졌어요!
도대체 왜 그럴까요?

예상하여 생각해보면 뭔가 '의문'을 찾을 수 있을까요?

예상 1 : 2단 상자가 가볍게 느껴지는 이유를 생각해보아요

1단짜리 상자가 가벼울 것 같은데, 2단짜리 상자가 가볍게 느껴지는 이유는 무엇일까요? 예상해보아요.

● 눈으로 보았을 때와의 차이?

눈으로 보았을 때는 1단짜리 상자가 가벼워 보이지만, 실제 들어 올렸을 때 예상보다 무겁게 느껴져서 1단짜리 상자가 더 무거운 것 같이 느껴지는 것이 아닐까?

● 사람에 따라 다르지 않을까?

여러 사람이 들어보면, 1단 상자를 더 가볍다고 느끼는 사람도 있지 않을까? 다른 사람에게 들어 보게 하면 어떨까?

● 빈 상자가 무게를 흡수?

2단 상자는 아랫단의 빈 상자가 윗단의 무게를 전부 흡수해버리는 것이 아닐까?

● 빈 상자의 개수?

아래에 겹쳐 놓은 상자의 개수를 더 늘려보면 어떨까? 그러면 개수가 많은 쪽이 더 무겁다고 느끼는 것이 당연하겠지?

다양한 방법으로 상자를 들어볼까요?

앞 페이지에서 예상한 것을 확인하기 위해서
다른 방법으로도 상자를 들어보고, 어떻게 느껴지는지 알아보아요.

의문 1: 눈을 가려도 2단 상자가 가볍게 느껴진다!

보이는 것에 영향을 받는 것은 아닐까 확인하기 위해서 눈을 가리고 1단 상자와 2단 상자를 들어서 비교했습니다. 그래도 역시 2단 상자가 가볍게 느껴졌어요. 왜일까요?

의문 2: 빈 상자를 2개 겹쳐보아도 역시 가볍게 느껴진다!

아래쪽의 빈 상자를 2개로 늘려서 3단으로 만들면 어떨까요? 들어서 비교해보니 1단짜리보다 가볍게 느껴졌어요. 빈 상자를 더 늘리면, 더 가벼워질까요?

의문 3: 누가 들어도 2단짜리가 가볍게 느껴진다!

사람에 따라 느끼는게 다르지 않을까요? 남녀노소 불문하고 다양한 사람들에게 들어보게 했어요. 그래도 역시 모두 2단 상자를 더 가볍게 느꼈어요. 왜일까요?

"작은 돌이 큰 솜사탕보다 무겁네!"

의문 2가 궁금해 상자를 여러 개 겹쳐도 1단 상자보다 가볍게 느껴질까요!?

예상 2 : 빈 상자를 여러 개 겹쳐도 가볍게 느껴질까요?

눈속임도 아니고, 사람에 따라 차이가 있지도 않은 것 같아요.
빈 상자 개수와 느껴지는 무게는 관계가 있을까요?

아마도 눈속임은 아닌 것 같아. 실제 무게와 느껴지는 무게가 다른 것은 정말 이상하네.

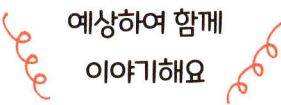

예상하여 함께 이야기해요

역시 빈 상자와 관계가 있는 것 같아.

3단짜리가 1단짜리보다 가볍게 느껴졌다면, 4단 이상이어도 1단보다 가볍게 느껴질까?

아무리 빈 상자라도 여러 개 겹쳐 놓으면 무거워질 거라고 생각해. 가볍게 느껴지는 것은 3단 정도까지가 아닐까?

예상해보자 : 빈 상자 개수를 늘려 가면, 언젠가는 1단짜리보다 무거워질까?

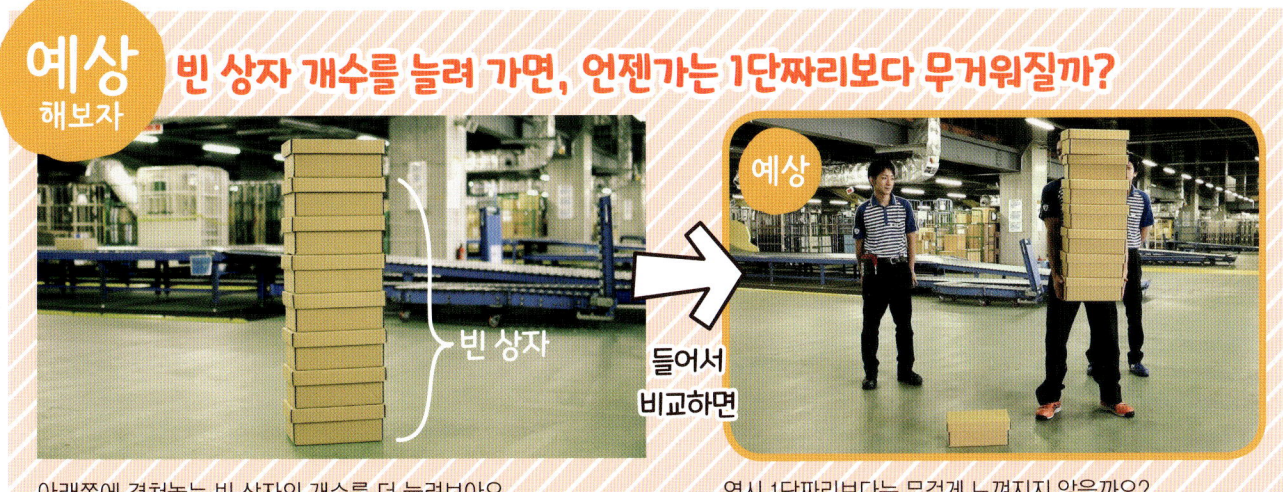

빈 상자 — 들어서 비교하면 — 예상

아래쪽에 겹쳐놓는 빈 상자의 개수를 더 늘려보아요.

역시 1단짜리보다는 무겁게 느껴지지 않을까?

빈 상자 개수를 늘려 가면서 느껴지는 무게를 비교해볼까요?

빈 상자 개수를 1단씩 늘려 가면 어떨까요?
실험해보아요.

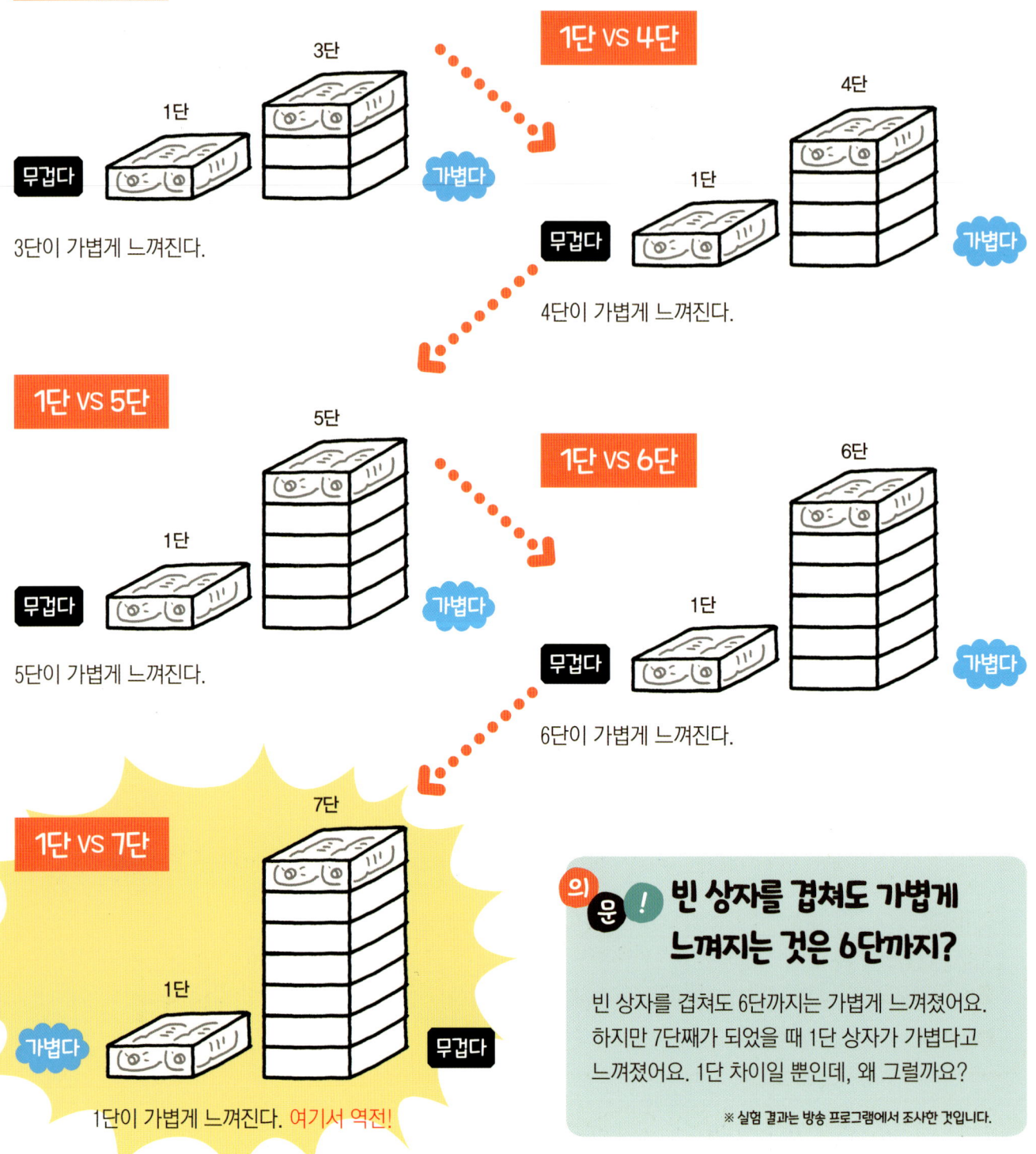

1단 vs 3단
3단이 가볍게 느껴진다.

1단 vs 4단
4단이 가볍게 느껴진다.

1단 vs 5단
5단이 가볍게 느껴진다.

1단 vs 6단
6단이 가볍게 느껴진다.

1단 vs 7단
1단이 가볍게 느껴진다. 여기서 역전!

의문! 빈 상자를 겹쳐도 가볍게 느껴지는 것은 6단까지?

빈 상자를 겹쳐도 6단까지는 가볍게 느껴졌어요. 하지만 7단째가 되었을 때 1단 상자가 가볍다고 느껴졌어요. 1단 차이일 뿐인데, 왜 그럴까요?

※ 실험 결과는 방송 프로그램에서 조사한 것입니다.

빈 상자를 늘려 가면서 무게를 재볼까요?

실제 무게는 어떨까요?
1단부터 7단까지 상자의 무게를 저울로 측정해보아요.

※ ( ) 안은, 1단과의 무게 차이입니다.

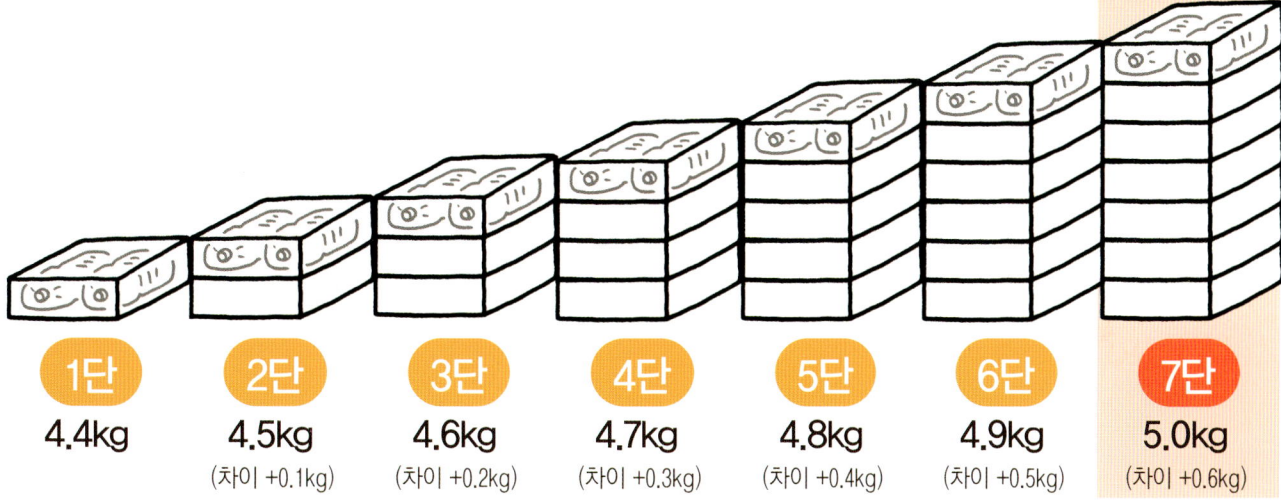

1단	2단	3단	4단	5단	6단	7단
4.4kg	4.5kg	4.6kg	4.7kg	4.8kg	4.9kg	5.0kg
	(차이 +0.1kg)	(차이 +0.2kg)	(차이 +0.3kg)	(차이 +0.4kg)	(차이 +0.5kg)	(차이 +0.6kg)

6단 상자와 7단 상자의 차이는 뭘까?

의문! 1단과 7단의 무게 차이는 0.6kg

빈 상자 1개의 무게는 0.1kg으로
6단은 1단보다 0.5kg 무겁고,
7단은 1단보다 0.6kg 무겁습니다.
무게 차이가 0.6kg 이상이 되면 실제로
무거운 쪽이 무겁게 느껴지는 걸까요?

 **새로운 의문** & **아직 풀리지 않은 의문**

들어보며 찾아낸 의문을 풀어가다 보면, 또다시 새로운 의문을 발견하게 됩니다.
분명 여러 가지 의문이 있을 거예요. 한 번 찾아볼까요?

● 누가 들어보아도 7단은 1단보다 무겁게 느껴질까요?
● 상자에 페트병을 1개만 넣어도 같은 결과가 나올까요?

다른 다양한 것을 들어보아요. 44페이지에서 더 알아보세요!

관점 4 5 6 에 대해 더 알아보아요

26페이지부터 알아본 세 가지 '과학의 관점'으로 간단히 할 수 있는 것들을 소개합니다.
시간을 되돌려보고, 과정을 생각해보고, 들어보면 어떤 '의문'을 발견하게 될까요?

시간 되돌려보기
(26~31 페이지)

✤ 채소와 과일
열매가 어떻게 열릴까요? 꽃은 필까요?
- 가지 · 토마토 · 오크라 · 콩나물 · 당근
- 감자 · 파인애플 · 포도 등

✤ 반딧불
태어나자마자부터
엉덩이에서 불빛이 날까요?
몸 형태는 계속 같을까요?

✤ 자전거
어떻게 만들어질까요?
어떤 부품이 사용될까요?

✤ 초콜릿
달고 맛있는 초콜릿.
원료는 무엇일까요?
본래 원료가 단 것일까요?

✤ 소금
소금은 어디서 생기는 걸까요?
어떻게 만들까요?

들어보기
(38~43 페이지)

✤ 2L 페트병을 들고 몸무게를 측정해보아요
들고 있을 때와 비교하면 무게가 얼마나 다를까요?

✤ 2L 페트병을 다른 방법으로 들어보아요
뚜껑을 잡고 들었을 때와,
바닥을 잡고 들었을 때
느껴지는 무게는 다를까요?

과정 생각해보기

32~37 페이지

모두 함께 이야기하면 재밌을 것 같아!

🌱 닭
닭볏은 어떻게 생길까요?

🌸 연어
치어의 볼록한 배는 언제 사라질까요?

🌸 잠자리
물속 생활을 하다가 어떻게 땅 위로 올라올까요?

🌱 호랑나비
애벌레에서 어떻게 변신할까요?

🌱 장수풍뎅이
어떻게 딱딱하고 검은 몸이 될까요?

🌸 팝콘
모양이 전혀 달라요. 어떻게 달라질까요?

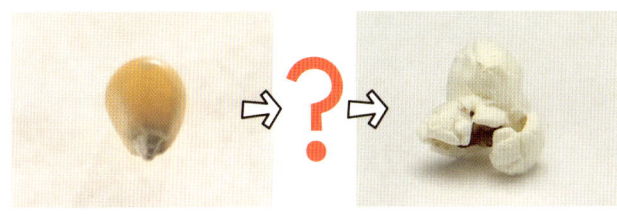

🌱 낫토
어떻게 끈적끈적해질까요?

🌸 두부
딱딱한 콩에서 어떻게 하얗고 부드러운 두부가 될까요?

대두

과학탐구

연구를 진행하는 방법

『과학의 관점 1 관찰하기』에서는 과학의 관점을 통해서 발견한 의문 중, 연구 주제를 선택할 때 생각할 점을 설명했습니다. 여기에서는 발견한 의문을 어떻게 조사하면 좋은 연구가 될 수 있는지 그 과정을 소개합니다.

포인트 1 계기나 동기를 정리하자

『과학의 관점 1 관찰하기』의 46~47페이지에서 소개한 세 가지 포인트(① 스스로가 알고 싶은 것, ② 아직 아무도 해 본 적 없는 것, ③ 스스로 할 수 있는 것)를 생각해서 연구 주제를 정했다면, 왜 이 주제를 선택했는지, 왜 조사하고 싶은지 그 '계기'나 '동기'를 스스로 글로 정리해 보세요.

연구를 진행하면서 때때로 이것을 돌이켜 읽어보면 처음에 두근두근했던 마음을 다시 기억해 낼 수 있을 겁니다.

포인트 2 예상(가설)을 해보자

실험이나 관찰을 시작하기 전에 먼저 나름대로의 '예상'을 해보세요. 예를 들면 '멜론의 그물 무늬는 어떻게 생기는 것일까?'라는 의문에 대해, 이 책의 33페이지에서 세 명의 아이들이 각각 생각하고 있는 것이 예상입니다. 실제로 이런 예상을 해보면, 어떤 실험이나 관찰을 해야 그것을 확인할 수 있는지에 대해서 생각할 수 있게 됩니다.

▲33페이지를 확인하세요.

포인트 3 실험이나 관찰 **방법**을 생각하자

다음은 자신이 생각해 낸 '예상'이 맞는지 아닌지를 확인하려면 어떻게 해야 할까를 생각합니다. 어떤 도구를 사용해서, 언제, 어디서, 어떤 식으로 실험이나 관찰을 할지 구체적으로 생각해서 준비하세요. 기록을 남겨두면 같은 실험이나 관찰을 다시 할 필요가 생겼을 때 도움이 됩니다. 여기까지 했다면, 드디어 실험·관찰을 시작할 차례입니다!

포인트 4 **결과**를 **기록**하자

너의 실험 결과는 세상에 하나뿐이야!

실험이나 관찰을 하고, 그 결과를 기록합니다. 이 단계에서는 아직 스스로 생각하거나 느낀 것은 쓰지 않고 객관적인 사실만을 기록합니다.
다른 사람이 같은 실험이나 관찰을 했을 때의 결과와 비교할 수 있게 하려는 것입니다.

포인트 5 **생각한 것(고찰)**을 쓰자

이것이 연구의 마무리구나.

마지막으로 '결과'에 근거하여 자기 나름대로 생각한 것을 정리해서 마무리합니다. 자신이 생각했던 '예상'에 대해 '결과'는 어땠는지, 왜 그렇게 되었는지에 대해서 생각한 것이나 알아낸 것, 더 조사하고 싶은 것 등을 씁니다.
만약 예상과 다른 결과가 나와도 실망할 필요는 없습니다. 오히려 결과가 다르게 나왔을 때야말로 새로운 발견을 할 수 있는 기회입니다. 조사할 때 참고한 책이 있다면 그것도 기록해두는 것이 좋습니다.

👉 『과학의 관점 3 실험하기』의 46페이지에서는 여기에서 생각한 것을 어떻게 정리하면 좋은지 그 방법을 소개합니다.

편집 NHK「과학의 관점」제작진

프로그램 위원
Kei Kano / 시가대학 교육학부 이과교육강좌 준교수
Hiroshi Kawasumi / 후쿠이현 교육종합연구소 특별연구원
Takayuki Shiose / 교토대학 종합박물관 준교수
Tetsuya Narukawa / 문부과학성 초등중등교육국 교과조사관
Eri Mizumachi / 오사카대학 CO디자인센터 특임조교

디렉터
Tomoto Hirooka, Keiro Sato, Makoto Igarashi,
Kiyoshi Maeda, Masahiro Totake,
Atsushi Kobayashi, Satoshi Fujitsuka,
Michiru Miyamura, Akito Ishida, Hidemi Yamashita

아트드렉션·음악
Shingo Ohno

타이틀 영상
Genki Ito

프로듀서
Kensuke Shiga

제작 총괄
Shunichiro Wakai, Shigehisa Oko,
Kazuteru Hayashi, Shinichi Taketuchi

그림 요시타케 신스케

1973년 가나가와현 출생. 그림책 작가, 일러스트레이터. 츠쿠바대학 대학원 예술연구과 종합 조형 코스를 수료. MOE 그림 책방 대상 제1위, 볼로냐 라가치상 특별상, 제 51회 신풍상 등 다수. 저서로는 『이게 정말 사과일까』, 『벗지 말걸 그랬어』, 『있으려나 서점』, 『아빠가 되었습니다만,』 등.

- 협력　NHK 에듀케이셔널
- 사진 제공　아쿠아월드 이바라키현 오아라이수족관, 펭귄수족관
- 사진　Shutterstock.com
- 커버·본문 디자인　Hideaki Yamaguchi(Studio Flavor)
- 본문 일러스트　Yoh Izumori
- 원고 집필　Noriyuki Irisawa
- 편집 협력　주식회사 3Season(Kyoko Fujimon)

분석적 사고력·창의력·논리력을 개발하는 과학 영재 프로젝트
과학의 관점 2 예상하기

1판 1쇄 발행일　2021년 9월 15일
1판 4쇄 발행일　2023년 10월 31일

편집　NHK「과학의 관점」제작진
그림　요시타케 신스케
옮긴이　권효정
펴낸이　김현준
펴낸곳　도서출판 유나

경기도 용인시 수지구 만현로 20, 성산빌딩 203호
전화　0505-922-1234　　팩스　0505-933-1234
kim@yunabooks.com　　www.facebook.com/yunabooks
www.yunabooks.com　　www.instagram.com/yunabooks

ISBN 979-11-88364-27-5 (77400)
ISBN 979-11-88364-25-1 (세트)

NHK KAGAKU NO MIKATA 2 YOSO SHITE MIYO
Copyright © 2019 NHK, Yoshitake Shinsuke
Korean translation rights arranged with NHK PUBLISHING, INC.
through Japan UNI Agency, Inc., Tokyo and D&P Co., Ltd., Gyeonggi-do.

이 책은 (주)디앤피코퍼레이션(D&P Co., Ltd.)을 통한 저작권자와의 독점계약으로 도서출판 유나에서 출간되었습니다. 저작권법에 의해 한국 내에서 보호를 받는 저작물이므로 무단전재와 복제를 금합니다.

* 잘못된 책은 구입처에서 바꾸어 드립니다.　　* 책값은 뒤표지에 있습니다.